아빠표
영어구구단
+파닉스
2
일반동사

JN393488

★ 시작하기 전에
아이에게 가장 좋아하는 물건을 물어보고,
I like +그것의 복수형을
하루~일주일 동안 수시로 반복해서 물어보세요.

예시) 좋아하는 것: 체리
'나는 체리를 좋아해'는
I like cherries (아일 라익ㅋ 췌뤼ㅈ)야.
'나는 체리를 좋아해'가 뭐라고?

함께 고생한 딸
루나에게 감사드립니다

책을 집필할 수 있도록
다하를 봐주신 부모님과
어린이집 선생님들께 감사드립니다

대답할 수 있을 때까지 충분히 기다려주세요.
아이와 함께하는 즐거운 시간에 집중해주세요.

Miklish.com

²나는 (영어로) 뭐지?

이 책(영어구구단)에서 '나'는 항상 사진의 밑에서 손이 나와.

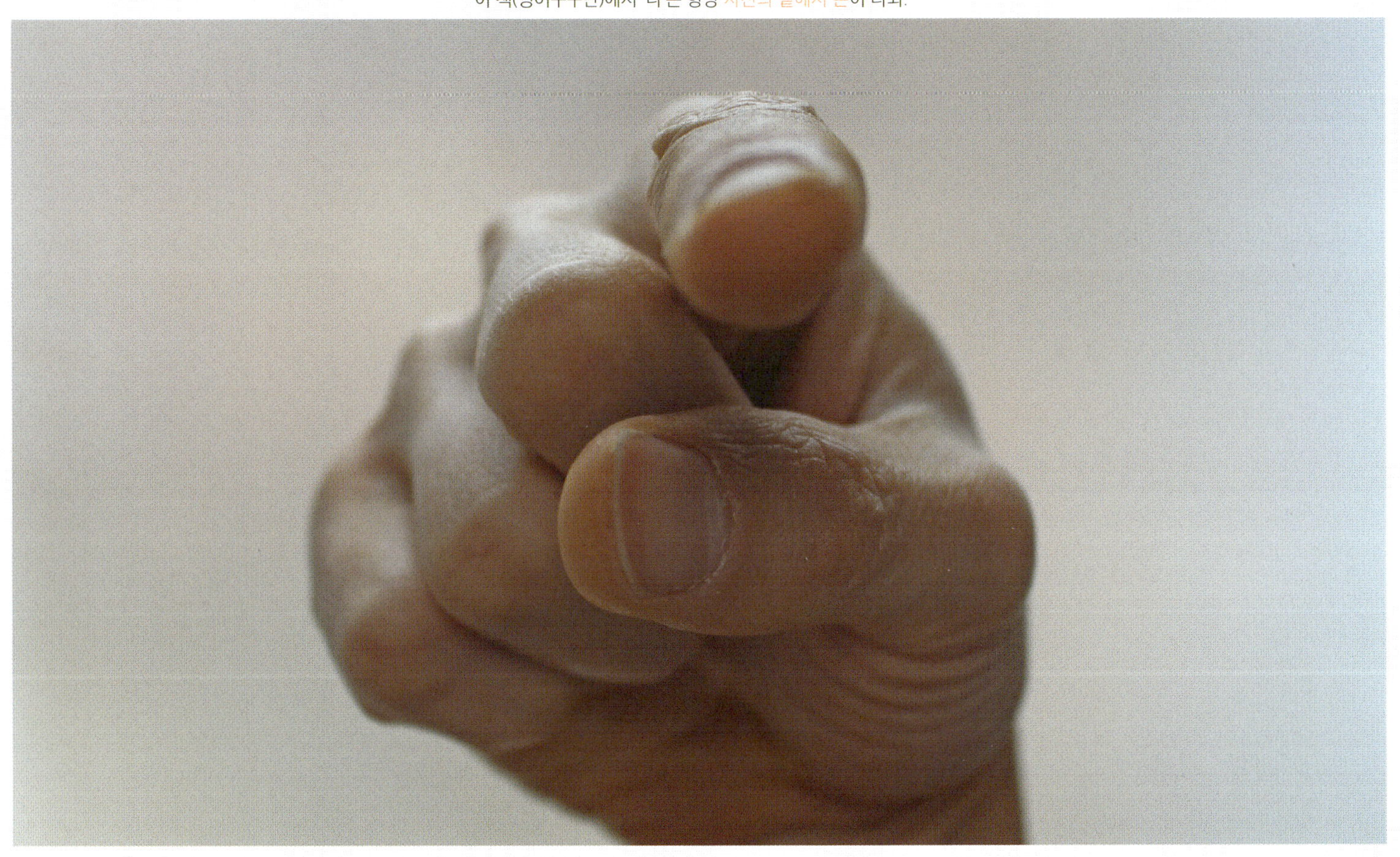

I

 나는=I   가=g ㅏ / 카=k ㅏ   라=l ㅏ / 라=r ㅏ   너는=you   가=g ㅏ / 카=k ㅏ

⁵내가 한 열쇠를 준다는?

g: 목이 울리는 소리 / k: 목이 울리지 않는 소리

I give a key.

1 자동차는 (영어로) car야. (따라 해봐 car)

² 내가 한 자동차를 준다는?

  나는=I   가=g ㅏ / 카=k ㅏ   라=l ㅏ / 라=r ㅏ   너는=you   가=g ㅏ / 카=k ㅏ

² 내가 한 카드를 준다는?

I give a card.

1 돌은 (영어로) rock이야. (따라 해봐 rock)
2 좋아한다는 (영어로) like야. (따라 해봐 like)
3 내가 좋아한다는 (영어로) I like야. (따라 해봐 I like)
4 내가 좋아한다는?

⁵나는 돌들을 좋아해는?

I: '을'에서 시작하는 ㄹ (혀가 입천장에 닿는다) / r: '우'에서 시작하는 ㄹ (혀가 입천장에 닿지 않는다)

I like rocks.

²나는 반지들을 좋아해는?

l : '을'에서 시작하는 ㄹ (혀가 입천장에 닿는다) / r : '우'에서 시작하는 ㄹ (혀가 입천장에 닿지 않는다)

라=ㄹㅏ/라=ㄹㅏ   가=gㅏ/카=kㅏ   라=ㄹㅏ/라=ㄹㅏ   하=ㅎㅏ/아=a   너를=you/나를=me   9

1 빨간색은 (영어로) red야. (따라 해봐 red)

2 나는 빨간색을 좋아해는?

 나는=I   가=gㅏ/카=kㅏ   라=lㅏ/라=rㅏ   너는=you   가=gㅏ/카=kㅏ

² 나는 쌀을 좋아해_{는?}

l: '을'에서 시작하는 ㄹ (혀기 입천장에 닿는다) / r: '우'에서 시작하는 ㄹ (혀기 입천장에 닿지 않는다)

I like rice.

라=ㅏ/라=ㅏ   갸=gㅑ/캬=kㅑ   라=ㅏ/라=ㅏ   하=hㅏ/야=a   너를=you/나를=me   11

1 너는 영어로 you야. (따라 해봐 you)

² 너는 (영어로) 뭐지?

이 책에서 '너'는 가리키는 손가락이 나오고, 사진 위에서 손이 나와.

 나는=I   가=gㅏ/카=kㅏ   라=lㅑ/라=rㅑ   너는=you   가=gㅏ/카=kㅏ

⁴ 너는 한 열쇠를 준다는?

You give a key.

²너는 한 자동차를 준다는?

You give a car.

  나는=I　　가=g ㅏ / 카=k ㅏ　　라=l ㅏ / 라=r ㅏ　　너는=you　　가=g ㅏ / 카=k ㅏ

²너는 한 카드를 준다는?

You give a card.

라=ㄹㅏ/라=rㅏ　　가=gㅏ/카=kㅏ　　라=ㄹㅏ/라=rㅏ　　하=hㅏ/아=a　　너를=you/나를=me　　15

1 돌이 뭐였지? (rock)

²너는 돌들을 좋아한다는?

혀를 움직이며 소리 내는 l: '을'에서 시작하는 ㄹ (혀가 입천장에 닿는다) / r: '우'에서 시작하는 ㄹ (혀가 입천장에 닿지 않는다)

You like rocks.

  나는=I   가=g ㅏ / 카=k ㅏ   라=l ㅏ / 라=r ㅏ   너는=you   가=g ㅏ / 카=k ㅏ

² 너는 반지들을 좋아한다는?

You like rings.

라=l ㅏ/라=r ㅏ 　　 가=g ㅏ/카=k ㅏ 　　 라=l ㅏ/라=r ㅏ 　　 하=h ㅏ/아=a 　　 너를=you/나를=me 　　 17

1 빨간색이 뭐였지? (red)

2 너는 빨간색을 좋아해는?

혀를 움직이며 소리 내는 l: '을'에서 시작하는 ㄹ (혀가 입천장에 닿는다) / r: '우'에서 시작하는 ㄹ (혀가 입천장에 닿지 않는다)

You like red.

 나는=I　　　가=gㅏ/카=kㅏ　　　라=lㅏ/라=rㅏ　　　너는=you　　　가=gㅏ/카=kㅏ

²너는 쌀을 좋아해는?

혀를 움직이며 소리 내는 l '을'에서 시작하는 ㄹ (허가 입천장에 닿는다) / r: '우'에서 시작하는 ㄹ (혀가 입천장에 닿지 않는다)

You like rice.

1 나는 영어로 뭐였지? (I) / 너는 영어로 뭐랬지? (you)

²나는 한 열쇠를 준다는?

이제 왼쪽은 '나', 오른쪽은 '너'가 나와.

입 안쪽에서 소리 내는 g: 목이 울리는쪽 소리 / k: 목이 울리지 않는 소리

I give a key.

나는=I　　　　가=g ㅏ / 카=k ㅏ　　　　라=ㅣㅏ / 라=ㅣㅏ　　　　너는=you　　　　가=g ㅏ / 카=k ㅏ

³너는 한 열쇠를 준다는?

You give a key.

²나는 반지들을 좋아해는?

혀를 움직이며 소리 내는 l: '을'에서 시작하는 ㄹ (혀가 입천장에 닿는다) / r: '우'에서 시작하는 ㄹ (혀가 입천장에 닿지 않는다)

I like rings.

　　나는=I　　　　　　가=ga/카=ka　　　　　　라=la/라=ra　　　　　너는=you　　　　　가=ga/카=ka

³너는 반지들을 좋아해_는?

You like rings.

[1] 팔은 영어로 arm이야. (따라 해봐 arm)
[2] 가진다는 영어로 have야. (따라 해봐 have)

[3] 나는 팔들을 가진다는?

목 안쪽에서부터 소리 내는 h: 목이 울리지 않는 소리 / a: 목이 울리는 소리

I have arms.

 나는=I   갸=gㅑ/캬=kㅑ   랴=ㅣㅑ/라=rㅏ   너는=you   갸=gㅑ/캬=kㅑ

⁴너는 팔들을 가진다는?

You have arms.

²나는 얼음을 가진다는?

I have ice.

 나는=I　　갸=g ㅑ/캬=k ㅑ　　라= ㅣ ㅏ/라=r ㅣ　　너는=you　　가=g ㅏ/캬=k ㅏ

³너는 얼음을 가진다는?

You have ice.

라=ㄹㅏ/라=r ㅏ　　가=gㅏ/카=kㅏ　　라=ㄹㅏ/라=rㅏ　　하=hㅏ/아=a　　너를=you/나를=me

¹나는 너를 좋아해는?

 나는=I　　　갸=gㅏ/캬=kㅏ　　　라=lㅏ/라=rㅏ　　　녀는=you　　　갸=gㅏ/캬=kㅏ

² 너는 **나를** 좋아해는?

라=l ㅏ / 라=r ㅏ   가=g ㅏ / 카=k ㅏ   라=l ㅏ / 라=r ㅏ   하=h ㅏ / 아=a   너를=you / 나를=me   29

부록 1 영어 공부의 문제점

10년을 해도 안 되는 이유는?

한국에서는 10년을 공부해도 외국인을 만나면 대화하기 어렵습니다. 왜냐면 수업시간에 하는 영어 교육시간을 다 합쳐도 그리 많지 않고, 그 시간은 '회화'가 아니라 '독해'에 초점이 맞춰져 있기 때문입니다.

초등학교 '영어 회화' 수업도, 기초 수준의 대화만 배웁니다. 그래서 자신이 외운 문장 외에는 말할 수 없습니다. 그 문장을 응용할 수는 없습니다.

중학생이 되면서 문법다운 문법을 배웁니다. 하지만, 문장을 분석하는 방법이지, 활용할 수 있는 문법은 아닙니다. 쉽게 말해 능동태를 수동태로 바꾸는 연습은 영어회화에 어떤 도움도 안 됩니다. 실제로 말할 때 능동태를 먼저 생각한 뒤에 그것을 수동태로 바꿔서 말하지 않기 때문입니다.

빠르게 영어를 배우려면 '체계' 위에 회화를 배워야 합니다. 가능하면 영작과 말하기를 통해서 그 체계(문법)를 훈련해야만 합니다. 그 과정에서 의도적으로 영어 방식으로 사고하려고 노력해야 합니다.

많이 들으면 될까?

외국에서 오래 살면서 영어를 잘하게 된 사람들이나, 언어 감각이 좋은 일부의 사람들은 '많이 외우면 된다, 많이 듣고 말하면 된다'고 주장하는 경우도 있습니다.

이 말은 틀린 말에 가깝습니다. 그나마 외국에서 영어 노출 시간이 많은 상태에서라면 그나마 가능합니다. 하지만 한국에서는 그만큼 영어에 노출하기도 어려울뿐더러, 영어로 말해볼 상대도 없습니다.

피아노 음악을 많이 듣는다고 피아노를 연주할 수 있는 것은 아닙니다. 축구를 많이 봤다고 축구를 잘할 수 있는 것이 아닙니다. 마찬가지로 영어 문장의 뜻을 (보거나 들어서) 이해할 수 있다고 영어를 잘 말하는 것은 아닙니다. 영어를 말하려면 영어를 말할 때의 체계 위에서 실제로 '말해 봐야' 실력이 늡니다.

물론 기본개념이 잡히고 난 다음에는 많이 듣고 많이 말해야 합니다. 그래야 영어 반응속도가 올라가서 더 빠른 말도 들을 수 있고, 더 빠르게 말할 수 있습니다. 그 전까지는 개념을 잡는 것이 훨씬 효율적입니다.

어떻게 바뀌어야 할까?

인도나 필리핀처럼 한국에서도 영어를 공용어로 쓴다면 나라에 큰 도움이 될 것입니다. 한국은 자국 내 경쟁이 심하고, 수출 의존도가 높기 때문에, 해외에서 더 쉽게 성공할 수 있습니다. 다만 사회적으로 큰 합의가 필요하고, 안착하는 데 오랜 시간이 걸려서 당장 시행하기 어렵습니다.

대학교 입시에서는 '영어독해'가 중요하기 때문에 6년에 가까운 시간을 재미없고 힘든 방식으로 독해를 배웁니다. 입시를 영어 말하기로 바꾸기에는 평가 기준도 모호하고, 연습할 여건(가르칠 선생님 등)도 안 됩니다.

그래서 '영작'을 제안합니다. '영작'을 빠르게 하면 '회화'입니다. '영작'을 잘하면, '말하기'도 시간문제입니다. 그래서 수능을 '독해'가 아닌 '영작'에 비중을 많이 둬야 합니다. 그러면 자연스럽게 중고등학교에서도 영작 수업을 진행할 것이고 한국인들의 영어실력이 일취월장 할 것입니다.

물론 독해도 중요하지만, 영작과 말하기가 어느 정도 된 다음에 (대학교에서) 배우면 훨씬 쉽고 재미있게 독해를 배울 수 있습니다.